¿Qué hace el PRESIDENTE?

KATHLEEN CONNORS
TRADUCIDO POR ESTHER SARFATTI

Gareth Stevens
PUBLISHING

EN CONTEXTO

Please visit our website, www.garethstevens.com. For a free color catalog of all our high-quality books, call toll free 1-800-542-2595 or fax 1-877-542-2596.

Cataloging-in-Publication Data

Names: Connors, Kathleen.
Title: ¿Qué hace el presidente? / Kathleen Connors.
Description: New York : Gareth Stevens Publishing, 2018. | Series: Conoce tu gobierno| Includes index.
Identifiers: ISBN 9781482462616 (pbk.) | ISBN 9781482462593 (library bound) | ISBN 9781482462609 (6 pack)
Subjects: LCSH: Presidents--United States--Juvenile literature. | United States--Politics and government--Juvenile literature.
Classification: LCC JK517.C66 2018 | DDC 352.23'0973--dc23

First Edition

Published in 2018 by
Gareth Stevens Publishing
111 East 14th Street, Suite 349
New York, NY 10003

Copyright © 2018 Gareth Stevens Publishing

Translator: Esther Sarfatti
Editorial Director, Spanish: Nathalie Beullens-Maoui
Editor, English: Kristen Nelson
Designer: Samantha DeMartin

Photo credits: Cover, p. 1 Orhan Cam/Shutterstock.com; series art MaxyM/Shutterstock.com; pp. 5, 7, 9, 11, 29 (Johnson) courtesy of the Library of Congress; pp. 8, 19 Bettmann/Bettmann/ Getty Images; p. 13 (map) Electric_Crayon/DigitalVision Vectors/Getty Images; p. 13 (photo) Jewel Samad/AFP/Getty Images; p. 15 Bloomberg/Bloomberg/Getty Images; p. 17 MCT/ Tribune News Service/Getty Images; p. 21 Jim Watson/AFP/Getty Images; p. 23 Stan Wayman/ The LIFE Picture Collection/Getty Images; p. 25 Diana Walker/The LIFE Images Collection/ Getty Images; p. 27 Jason and Bonnie Grower/Shutterstock.com; p. 29 (Clinton) Larry St. Pierre/Shutterstock.com; p. 30 Everett Historical/Shutterstock.com.

Printed in the United States of America

CPSIA compliance information: Batch #CS17GS: For further information contact Gareth Stevens, New York, New York at 1-800-542-2595.

CONTENIDO

Las palabras del glosario se muestran en **negrita** la primera vez que aparecen en el texto.

EL JEFE EJECUTIVO

El presidente es el jefe de la rama ejecutiva del gobierno de Estados Unidos. La rama ejecutiva se encarga de hacer cumplir las leyes de la nación. El presidente dirige esta rama a través de las muchas funciones que debe llevar a cabo.

SI QUIERES SABER MÁS

La rama judicial del gobierno de Estados Unidos tiene que ver con los tribunales y está encabezada por el **Tribunal Supremo**. La rama legislativa, la que hace las leyes, incluye el Congreso.

EL PRESIDENTE WILLIAM TAFT

¿QUIÉN PUEDE SER PRESIDENTE?

Para poder ser presidente, un **candidato** (hombre o mujer) debe tener al menos 35 años. Tiene que haber nacido en Estados Unidos y haber vivido en el país durante un mínimo de 14 años.

SI QUIERES SABER MÁS

Los presidentes pueden tener profesiones diversas. Hoy en día, por lo general son abogados que eligen ser **políticos**. En el pasado, algunos presidentes fueron granjeros, maestros de escuela y líderes militares.

EL PRESIDENTE
ULYSSES S. GRANT

7

Los presidentes de Estados Unidos cumplen mandatos, o períodos de ejercicio, de cuatro años. Solo pueden ocupar el cargo durante dos mandatos. Este límite se estableció en la Vigesimosegunda **Enmienda**, aprobada por los estados en 1951. Son muchos los presidentes que han servido los dos mandatos.

SI QUIERES SABER MÁS

¡El presidente Franklin D. Roosevelt fue elegido cuatro veces! Cuando murió, durante su cuarto mandato, el Congreso creyó necesario limitar el número de mandatos para futuros presidentes.

EL PRESIDENTE
FRANKLIN D. ROOSEVELT

LA CAMPAÑA ELECTORAL

Los candidatos a la presidencia dedican mucho tiempo antes de las elecciones dando a conocer sus ideas y su plataforma política. Viajan por todo el país para dar discursos, conocer y conversar con los **ciudadanos**. Por lo general, los candidatos presidenciales son parte de uno de los dos **partidos políticos** principales: el Demócrata y el Republicano.

SI QUIERES SABER MÁS

Algunos estados tienen elecciones primarias, mientras que otros celebran asambleas conocidas como caucus. La persona que recibe la mayor votación en las primarias y en las asambleas caucus se convierte en el candidato a la presidencia de cada partido.

EL PRESIDENTE JIMMY CARTER

Para poder ser presidente, un candidato debe ganar la mayoría de los votos electorales. A cada estado le corresponde un número de votos electorales que es igual al número de **representantes** que tiene en el Congreso. Hay 538 votos electorales en total y, para ganar, un candidato necesita 270.

SI QUIERES SABER MÁS

La mayoría de los estados otorgan todos sus votos electorales al candidato que recibe la mayoría de votos populares en ese estado.

MAPA DE VOTOS ELECTORALES

13

El poder de la Constitución

Una vez que toma posesión de su cargo, el presidente tiene ciertos poderes que le da la **Constitución** de Estados Unidos. Como jefe de la rama ejecutiva, el presidente es el comandante en jefe de las fuerzas armadas. También tiene la facultad de **indultar** a alguien.

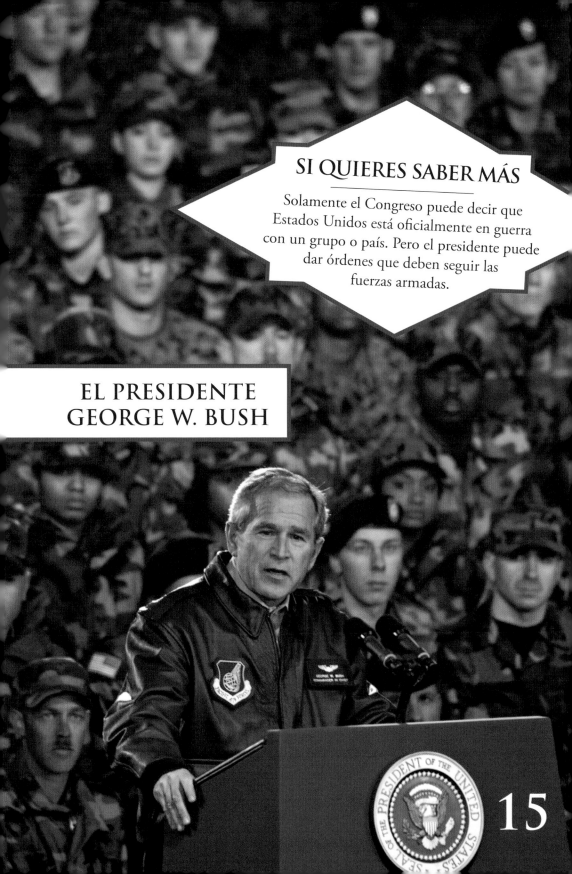

SI QUIERES SABER MÁS

Solamente el Congreso puede decir que Estados Unidos está oficialmente en guerra con un grupo o país. Pero el presidente puede dar órdenes que deben seguir las fuerzas armadas.

EL PRESIDENTE GEORGE W. BUSH

Otra de las funciones importantes del presidente, según la Constitución, es el poder de nombrar a algunos cargos del gobierno, entre ellos a los jueces del Tribunal Supremo y a los **embajadores**. El Senado tiene que aprobar o ratificar estos nombramientos.

LA JUEZA ELENA KAGAN

Elena Kagan

SI QUIERES SABER MÁS

El presidente nombra a un grupo de personas, que forman parte de su gabinete, para que lo ayuden a dirigir la rama ejecutiva. Estas personas presiden oficinas gubernamentales que supervisan los parques nacionales, recaudan impuestos y se aseguran de que los alimentos y el agua sean de buena calidad y seguros.

17

La Constitución dice que "de vez en cuando" el presidente deberá informar al Congreso sobre el "Estado de la Unión." Esto se ha convertido en un discurso anual que el presidente da a ambas cámaras del Congreso. Durante el discurso, da un informe sobre el estado del país y presenta sus propuestas para el futuro.

SI QUIERES SABER MÁS

Las tres ramas del gobierno de Estados Unidos están pensadas para controlarse y equilibrarse entre sí, y que ninguna de las ramas pueda exceder su poder o autoridad sobre cualquiera de las otras dos.

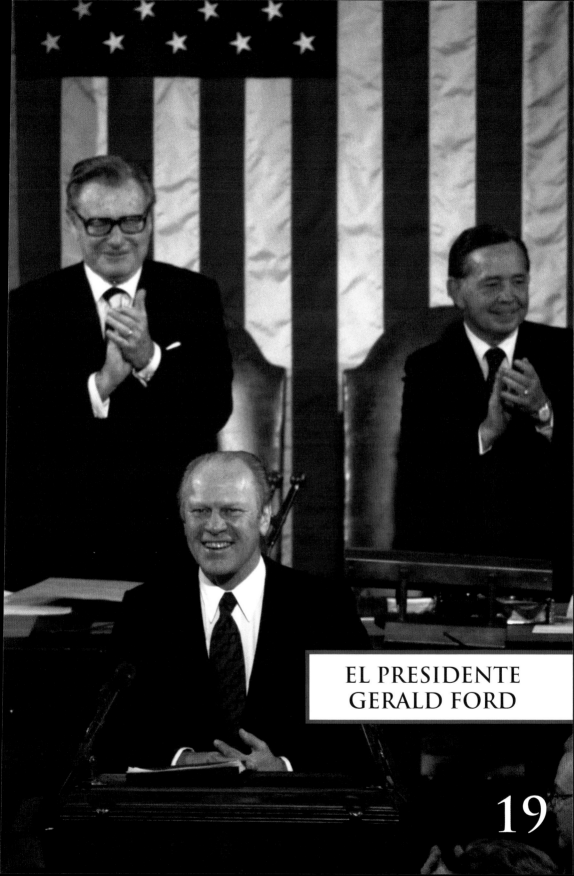

EL PRESIDENTE
GERALD FORD

19

El presidente tiene el poder de hacer tratados, o acuerdos, con países y grupos de todo el mundo, aunque el Senado debe aprobarlos. Además, el presidente es el que representa a Estados Unidos ante los líderes de otros países.

SI QUIERES SABER MÁS

El presidente se esfuerza por mantener las amistades que Estados Unidos tiene alrededor del mundo. A menudo ofrece cenas y otros eventos en la Casa Blanca en honor a dirigentes de otros países.

EL PRESIDENTE BARACK
OBAMA CON EL PRESIDENTE
TRAN DAI QUANG

ASÍ LO MANDA LA LEY

El presidente equilibra el poder del Congreso cuando decide si firmar o no un proyecto de ley. Dispone de diez días para hacerlo. Si decide no firmarlo, ejerce su poder de veto, lo cual significa que el proyecto no se convertirá en ley.

SI QUIERES SABER MÁS

El presidente tiene una agenda, o una serie de asuntos que quiere tratar. Se esfuerza por conseguir que el Congreso vote a favor de los proyectos de ley que cumplan con su agenda.

EL PRESIDENTE LYNDON B. JOHNSON

Un veto no siempre es definitivo.
Si dos terceras partes del Congreso
votan a favor de anular el veto,
un proyecto puede convertirse en
ley sin la firma del presidente. El
Congreso también puede hacer
algunos cambios a un proyecto y
volver a intentar que el presidente
lo apoye.

SI QUIERES SABER MÁS

Un veto implícito ocurre cuando una sesión del Congreso termina durante los diez días que tiene el presidente para firmar un proyecto de ley y no lo firma. ¡Allí se acaba el proyecto!

EL PRESIDENTE
RONALD REAGAN

25

En línea de sucesión

Si el presidente muere o decide dejar su cargo, el vicepresidente se convierte en presidente. La Constitución no dice esto expresamente; simplemente dice que el cargo de presidente "pasará" al vicepresidente. La Vigesimoquinta Enmienda lo convirtió en ley.

EL VICEPRESIDENTE JOE BIDEN

SI QUIERES SABER MÁS

Bajo la Constitución, la única función del vicepresidente es la de presidir el Senado, donde debe emitir el voto decisivo en caso de empate.

DESTITUCIÓN

El presidente debe obedecer las leyes de Estados Unidos. Si se cree que el presidente ha hecho algo ilegal, la Cámara de Representantes puede destituirlo. Ningún presidente ha sido destituido de su cargo como resultado de un proceso de destitución.

SI QUIERES SABER MÁS

Destituir significa acusar a un funcionario del gobierno de cometer un crimen mientras ocupa su cargo. Solamente los presidentes Andrew Johnson y Bill Clinton han pasado por un proceso de destitución.

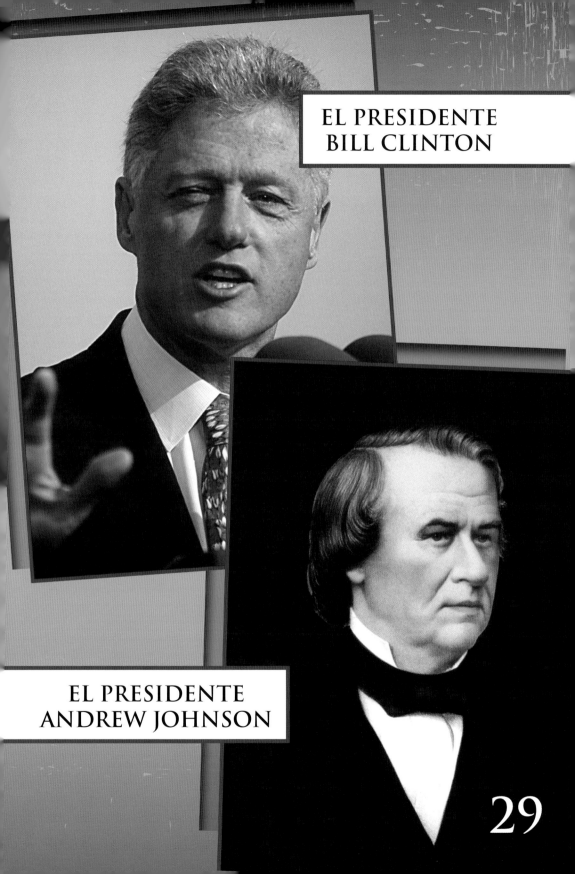

EL PRESIDENTE
BILL CLINTON

EL PRESIDENTE
ANDREW JOHNSON

29

¿QUÉ HACE EL PRESIDENTE?

- nombra embajadores, jueces del Tribunal Supremo, miembros de su gabinete

- representa a Estados Unidos ante los líderes de otros países

- firma proyectos de ley para convertirlos en ley

- es el comandante en jefe de las fuerzas armadas

- utiliza el poder de veto

- hace tratados

- encabeza la rama ejecutiva

- pronuncia el discurso del Estado de la Unión

EL PRESIDENTE THEODORE ROOSEVEL

30

GLOSARIO

candidato: alguien que se presenta para un cargo público en unas elecciones.

ciudadano: alguien que vive en un país legalmente y tiene ciertos derechos.

constitución: las leyes básicas por las cuales se gobierna un país o estado.

embajador: alguien enviado por un grupo o un país para hablar en su nombre en diferentes lugares.

enmienda: un cambio o añadido a una constitución.

indultar: el acto de perdonar la pena que alguien ha recibido por haber cometido un delito.

partido político: un grupo de gente con ideas similares acerca de cómo debe funcionar el gobierno.

político: una persona que se presenta para un cargo público o que ocupa un cargo público.

representante: un miembro de un cuerpo legislativo que representa a los votantes, o actúa en su nombre.

Tribunal Supremo: el tribunal más alto que existe en Estados Unidos.

PARA MÁS INFORMACIÓN

LIBROS

Meltzer, Brad. *I Am George Washington*. New York, NY: Dial Books for Young Readers, 2016.

Porterfield, Jason. *What Is the Executive Branch?* New York, NY: Britannica Educational Publishing, 2016.

SITIOS DE INTERNET

Congress for Kids: Executive Branch

congressforkids.net/Executivebranch_index.htm

Aprende acerca de la rama del gobierno que dirige el presidente de Estados Unidos.

Sitios de Internet: Nota del editor a los educadores y padres: nuestro personal especializado ha revisado cuidadosamente estos sitios web para asegurarse de que son apropiados para los estudiantes. Muchos sitios web cambian con frecuencia, por lo que no podemos garantizar que posteriores contenidos que se suban a esas páginas cumplan con nuestros estándares de calidad y valor educativo. Tengan presente que se debe supervisar cuidadosamente a los estudiantes siempre que tengan acceso al Internet.

ÍNDICE